AF311573

V. 2504
15

28112

DE L'UTILITÉ
DE JOINDRE

A L'ÉTUDE DE L'ARCHITECTURE,

CELLE

DES SCIENCES ET DES ARTS

QUI LUI SONT RELATIFS.

DE L'UTILITÉ
DE JOINDRE
A·L'ÉTUDE DE L'ARCHITECTURE,
CELLE
DES SCIENCES ET DES ARTS
QUI LUI SONT RELATIFS.

Extrait du troisieme Volume du Cours d'Architecture
de Jacques-François BLONDEL.

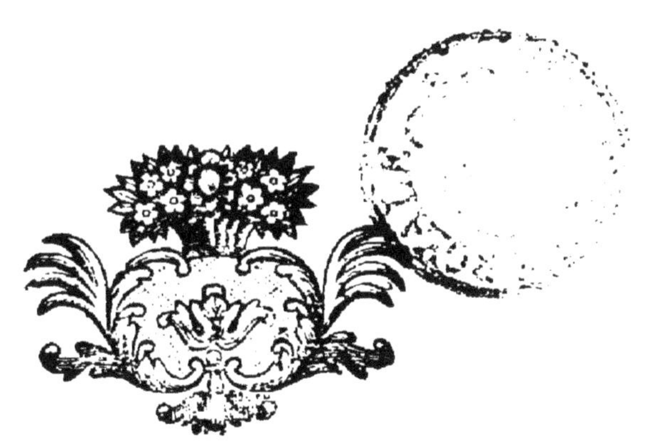

A PARIS,

Chez la Veuve DESAINT, Libraire, rue du Foin-S.-Jacques.

M DCC LXXI.

AVANT-PROPOS.

De tous les temps les Beaux-Arts, & particuliérement l'Architecture, ont illustré les Nations les plus florissantes. Cette considération nous a déterminé à rendre publique cette courte Dissertation sur l'Architecture, dont l'objet est de prouver la nécessité de joindre à son étude particuliere, la connoissance des autres Arts qui lui sont relatifs.

Cette Dissertation sans doute n'est pas également utile à toutes les classes de Citoyens ; nous l'offrons seulement ici aux Savans, aux Hommes de Lettres, aux Amateurs & aux Artistes qui, connoissant le prix d'une étude laborieuse & suivie, trouveront ici le plan d'une éducation qui pourra les intéresser en faveur de ceux de leurs Concitoyens, qui se destinent à ce bel Art & aux Sciences qui y ont rapport.

En considérant cette Dissertation sous ce point de vue, nous n'avons pas craint de la faire passer aux Sociétés savantes établies dans

A

nos différentes Provinces, ainsi qu'aux Ingénieurs en Chefs, & aux Personnes d'un rang distingué, qui s'intéressent véritablement aux progrès de l'Architecture.

Occupé d'ailleurs, depuis plus de trente années, à recœuillir tout ce qui s'est élevé de plus célebre soit dans Paris, soit dans ses environs, nous nous proposons, en continuant nos Leçons, de nous occuper désormais à rassembler tous les monuments qui décorent les principales Villes du Royaume : pour cela, nous desirons, en faveur du zèle qui nous a animé jusqu'à présent, trouver, parmi les Hommes éclairés qui les habitent, les secours nécessaires pour parvenir à faire une Collection des monuments les plus intéressants, tant anciens que modernes ; Collection qui, en faisant connoître ce que chacune de ces Provinces contient de curieux, nous mettra à portée de montrer aux Nations étrangeres, avec combien de succès les Arts ont été cultivés chez nous.

DISSERTATION

SUR L'UTILITÉ DE JOINDRE A L'ÉTUDE DE L'ARCHITECTURE,
CELLE DES SCIENCES ET DES ARTS QUI LUI SONT RELATIFS.

L'UTILITÉ de l'Architecture eſt aſſez connue, pour que nous n'entreprenions point de faire ici l'éloge de cet Art important: perſonne n'ignore que c'eſt par ſon ſecours qu'on parvient à élever des Temples à la Divinité; à ériger les Palais des Rois, les Places publiques, les Monuments durables à la gloire des Heros; enfin à conſtruire des demeures particulieres pour les différentes claſſes de Citoyens.

Nous avons reconnu précédemment les avantages de l'Architecture conſidérée en elle-même; nous avons parlé de ſon origine, rapporté ſes progrès, ſes révolutions; nous avons fait mention des différentes branches qui la compoſent (*a*). Rappelons-nous tous ces objets, & les différentes productions qui ſont de ſon reſſort, ſoit pour

––––––––––––––––––––––––

(*a*) Voyez l'Introduction à la tête du premier Volume de notre Cours d'Architecture, qui ſe vend chez la Veuve Deſaint, Libraire, rue du Foin-Saint-Jacques.

A ij

l'utilité d'un Peuple raſſemblé, ſoit pour la ſureté des Etats policés, ſoit enfin pour la magnificence des Cités. Faiſons plus, tâchons de perſuader à ceux qui ſe deſtinent à l'Architecture, qu'il ne leur eſt pas moins intéreſſant de joindre à ſon étude particuliere, la connoiſſance des autres Arts libéraux qu'elle régit ſous ſon empire.

Avant d'y paſſer néanmoins, offrons l'idée diſtincte de ce que nous entendons par l'Architecture proprement dite, & prouvons combien il eſt eſſenciel d'appeler à ſoi les plus habiles Architectes, lorſqu'il s'agit d'élever des édifices conſidérables. Faiſons ſentir aux jeunes Citoyens qui s'attachent à l'étude de cet Art, que ſouvent ils s'y déterminent ſans en prévoir les difficultés : de maniere que dans la ſuite, ne pouvant pourſuivre cette carriere immenſe, ils ſe trouvent forcés de s'arrêter au milieu de leur courſe ; d'où il arrive preſque toujours que, parmi les chefs-d'œuvre que les hommes célebres élevent dans cette Capitale, ou dans nos Provinces, on remarque tant d'édifices médiocres, & quelquefois même, oſons le dire ici, au-deſſous de la médiocrité.

L'ARCHITECTURE eſt un Art créateur, qui s'étend ſur tous les édifices d'utilité, de ſureté & de magnificence : depuis les cabanes couvertes par le chaume, jufques aux monuments terminés par des couvertures où les métaux brillent de toute part; l'Architecture y déploie toutes fes reſſources. Des bâtiments particuliers, préfervés par elle des intempéries des faifons, elle paſſe aux édifices les plus fomptueux: elle embellit les lieux les plus déferts; elle préfide à l'ordonnance des dehors; elle contribue à la falubrité des dedans, & prend foin d'y répandre l'éclat que lui procurent les Arts de goût, & les Arts d'agrément qu'elle fait s'aſſocier.

Doué d'un heureux génie l'Architecte à fon tour, ébauché par les éléments, guidé par la théorie, éclairé par l'expérience qui lui confirme les préceptes de fon Art, fe trouve appelé pour élever les merveilles que l'Architecture enfante. S'agit-il de la conſtruction de nos Temples, on a recours à fes lumieres: lorfqu'il importe de conſtruire quelque monument qui illuſtre le Prince & la Patrie, il eſt invité d'en donner les deſſins. Dans les Villes libres, on le confulte pour déterminer des alignements, faciliter les communications, ériger des places, des marchés: dans les Villes de commerce, pour élever des Ports, des Ponts, des Aquéducs, des Manufactures, dés Hôpitaux : dans les Villes de guerre, pour ouvrir des Places d'armes, conftruire des Arfenaux, des Magáfins, des Cafernes, des Prifons militaires. Tantôt il eft requis pour reftaurer nos anciens édifices, & leur procurer les commodités ignorées par nos Prédécefleurs; tantôt pour donner les plans de la diftribution, la décoration de l'ordonnance des façades, & furveiller à la conftruction de nos belles habitations à la campagne ; pour y planter un parc, y percer une forêt, & y difpofer un jardin de propreté : il eft encore appelé pour les objets de difcuffion jufque dans nos métairies, pour en déterminer l'enceinte, & feparer le domaine du propriétaire d'avec celui de fes voifins. Des Pays étrangers même, on s'adreffe à l'habile Architecte pour les plus grandes entreprifes; en un mot, dans tous les temps, les Riches s'empreffent de recœuillir fes avis pour l'embelliflement de leurs demeures : par fes talents, fon intégrité, il fe fait confidérer des Grands , chérir des Gens du monde, de l'Homme d'Etat, de l'Homme privé; enfin les honneurs deviennent la récompenfe de fes travaux.

Mais que ceux qui fe vouent à l'Architecture ne s'y trompent pas ; il eft plus difficile qu'on ne penfe, d'atteindre aux qualités effencielles à un Architecte : qu'ils conçoivent combien il leur faut acquérir de talents pour y parvenir ; puifque, fans parler de l'étude particuliere des trois branches effencielles de cet Art, la décoration, la diftribution & la conftruction, il leur eft également indifpenfable d'etendre leurs connoiffances dans les Mathématiques, dans l'étude du Deffin de divers genres, dans l'Art de modeler, dans celui de faire des Reliefs, dans la Perfpective, les Eléments de l'Architecture militaire & navale, la coupe des pierres ; en un mot, il faut qu'ils acquièrent l'expérience qui mene à l'Art de bâtir, & à juger des ouvrages les plus célebres.

Vitruve confeilloit même aux Architectes de fon temps d'entendre la Médecine, pour procurer plus de falubrité aux demeures de fes Concitoyens ; la Phyfique, pour le choix des matieres qu'on y employoit ; la Mécanique, pour l'intelligence des forces mouvantes ; la Mufique, pour l'entente des Théâtres ; enfin les Belles-Lettres, pour fe rappeler les principaux traits de l'Hiftoire ancienne & de l'Hiftoire moderne : autant d'études, dit-il, du reffort immédiat de l'Architecture ; ce qui prouve en faveur des connoiffances que nous nous propofons d'analyfer dans la fuite de cette Differtation, après en avoir donné une idée générale.

A iv

Des différentes branches des Mathématiques, la Science des Nombres est indispensable au jeune Architecte, afin qu'il puisse, lors de la composition de ses projets, se rendre compte du prix des matieres qu'il aura occasion d'employer : la Géométrie, pour bien entendre le développement des corps; la Trigonométrie, pour lever les plans; les sections coniques, pour la coupe des pierres; les mécaniques pour le transport & l'elévation des fardeaux : enfin l'Hydraulique, pour les épuisements & la distribution des eaux.

Le Dessin en général lui est nécessaire pour communiquer ses pensées, pour désigner au Sculpteur, au Peintre, au Cizeleur, la forme & le relief des différentes parties de la décoration, décidée par le Propriétaire sur ses projets, & qu'il se trouve ensuite obligé de confier à leurs soins.

Quoique la maniere de dessiner l'Architecture soit comprise dans l'étude des Éléments de cet Art, dont nous ne parlons point dans cette Dissertation, nous n'en dirons pas moins que rien n'est si essenciel à l'Architecte que de se rendre compte, par des développements particuliers, des plans, des élévations & des coupes de son édifice, avant de les présenter aux Perfonnes qui font bâtir, & de les communiquer aux Entrepreneurs.

L'Art de modeler, également utile à l'Architecte, fe divife en deux claffes: l'une a pour objet les ornements appelés dans l'Architecture pour l'embellir ou la fymbolyfer; l'autre préfente en relief la difpofition générale de fon Bâtiment, & les principales parties qui le compofent.

L'étude de la Perfpective lui apprend à juger l'effet que devra produire fon projet après l'exécution; c'eft par elle qu'il acquiert les moyens d'eftimer la différence qu'il doit obferver entre les grandeurs réelles & les grandeurs apparentes, & qu'il conçoit les différents afpects, fous lefquels il doit préfenter fon édifice au Spectateur éclairé.

Chargé fouvent d'ériger des monuments dans nos Villes frontieres, il ne doit pas ignorer les éléments de l'Architecture militaire; elle comprend la partie des Fortifications, qui tient de plus près aux Bâtiments civils, qui font directement de fon reffort.

Appelé dans nos Villes maritimes, il doit de même acquérir la partie de l'Architecture navale, qui le conduira à concevoir les projets dont il se trouvera chargé dans un genre qui, ne tenant ni à l'élégance de nos édifices civils, ni à la rusticité de nos Bâtiments militaires, n'en doit pas moins annoncer le caractere martial qu'il convient de répandre dans leur ordonnance.

Le secret que nous enseigne la coupe des pierres, est indispensable aussi à l'Architecte pour se rendre compte, & de la pratique de l'Art, & de la maniere de concevoir, lors de la composition de son plan, l'économie qu'il doit observer dans l'emploi des matieres, pour disposer les parties qu'il doit soutenir en l'air, en faveur de l'accord général des dehors & de la commodité des dedans.

Il doit également connoître la coupe des bois concernant l'Art de la Charpenterie & celui de la Menuiserie: dans celle-là, pour ce qui regarde la qualité des bois & leur assemblage; dans celle-ci, pour déterminer la hauteur & l'epaisseur qu'il doit donner à l'élévation des portes & des croisées de son Bâtiment, afin de choisir, parmi les divers assemblages, ceux qui conviennent pour les voussures & les lambris qui décorent les pieces principales, contenues dans le corps-de-logis de son édifice.

Enfin l'expérience jointe à la pratique du Bâtiment, lui apprend à apprécier sur ses projets la dépense de l'édifice qu'il doit élever; à désigner, par des devis bien dressés, la qualité spécifique des matieres qui doivent y entrer; à savoir estimer le prix de la main-d'œuvre; à prevenir les contestations qui peuvent survenir entre deux voisins; à garantir, par sa surveillance, le Propriétaire de toute espèce de fraude; à savoir, en un mot, associer la maçonnerie avec la charpenterie; celle-ci avec les gros fers, pour assurer les uns par les autres, & parvenir à un plus grand degré de solidité & de perfection.

A cette expérience, il en faut joindre une autre non moins essencielle, & qui regarde plus précisément l'Architecture; c'est celle qui nous apprend à juger, par l'examen des édifices anciens & modernes, de la route que les grands Maîtres ont suivie dans l'ordonnance de leurs édifices, & de la relation qu'ils ont cherché à mettre entre les dehors & les dedans, à raison de la diversité de leurs entreprises, & de la température des climats où ils ont élevé leurs chefs-d'œuvre.

C'est par toutes ces différentes connoisfances , que l'Architecte arrive à imiter avec fruit les ouvrages les plus célebres; & qu'il parvient à porter également fes obfervations fur la théorie, la pratique, & le vrai goût de l'Architecture. Qu'on y prenne garde néanmoins, il ne fuffit pas d'entreprendre à la hâte toutes ces diverfes études: il ne faut pas croire non-plus qu'il foit égal d'apprendre chacune d'elles, féparément les unes des autres, & par intervalle; il eft un temps pour celles-ci, elles demandent à être fuivies: il n'eft pas indifférent, comme plufieurs fe le perfuadent, de puifer une connoiffance détachée d'une autre connoiffance ; il convient d'abord de les embraffer toutes fous un habile Maître; de les reprendre enfuite chacune à part, fous des Profeffeurs véritablement inftruits, mais réunis cependant dans un même Licée par un Artifte éclairé & reconnu affez bon Citoyen, pour confacrer fes veilles à l'inftruction de fes femblables: il faut, de la part du Difciple, d'heureufes difpofitions, de la docilité, du temps, de l'aptitude au travail; il faut enfin des talents, une éloquence perfuafive, de la conftance & de l'aménité, de la part du Chef & des Profeffeurs.

Qu'on ne s'imagine pas qu'on deviendra un Architecte habile, fi l'on apprend l'Architecture par défœuvrement, & les Arts qui y ont rapport, pour le seul plaifir de changer d'objet : fans doute il eft néceffaire de varier le genre de fes études ; la variété met en mouvement l'efprit & l'imagination de l'Artifte ; le changemement de travail femble rendre à fon génie épuifé une nouvelle vigueur : mais il eft bon que cette diverfité d'occupations ramene au but qu'on fe propofe.

On peut bien paffer du Calcul au Deffin, de celui-ci à la Perfpective, revenir à l'Ornement, au Payfage ; on peut vouloir rendre une vue qui donne aux autres une idée du projet dont on s'occupe. Après cette étude fédentaire, on peut aller vifiter quelque édifice analogue à fon travail ; de la Ville, paffer à la campagne, & s'affocier un ou plufieurs Emules, pour fe procurer l'occafion d'y difcuter fur le lieu, les différentes beautés de l'Art, réunies au fpectacle de la nature : de retour il eft encore bien de fréquenter les atteliers des Artiftes célèbres, pour y voir leurs chefs-d'œuvre & y conférer avec eux ; enfuite fe tranfporter dans les divers Bâtiments qu'on éleve en même-temps dans la Capitale : dans les uns, pour defcendre dans les fouterreins, en examiner les fondations, les empatements & les différentes efpèces de voûtes :

dans les autres, la forme des combles, les écoulements de leurs eaux, les travées des planchers, les pans de bois : dans ceux-ci, pour se rendre compte des détails de la menuiserie, des stucs, des ouvrages en plâtre, des differentes espèces de peinture d'impression : dans ceux-là, de la perfection de la Sculpture, de l'effet des glaces, de l'arrangement des meubles : dans tous enfin, pour y prendre des attachemens, y faire des notes, & y dessiner les parties les plus intéressantes & les plus relatives à ses besoins.

Après ce travail utile, il convient de se recœuillir dans le silence du cabinet, pour méditer sur tous ces objets ; on doit ouvrir de nouveau les Recœuils des Auteurs qui ont traité de ces differentes parties, pour s'y pénétrer du génie des plus grands Maîtres. Lors de ses délassemens même, il faut faire en sorte que tout ce qu'on remarque, tourne au profit de l'Art.

Dans les promenades, on peut méditer sur les productions régulieres & admirables du célebre le Nautre, & sur les compositions ingénieuses & pittoresques de Dufresny : dans les cercles, on peut acquérir le goût des ornemens qui décorent les appartemens où l'on se tient raffemblé : en vifitant les gens du monde, admirer la réunion des Beaux-Arts qui fe trouvent répandus dans leurs demeures : avec fes égaux, l'habitude de l'élocution : aux fpectacles, dans nos fêtes, dans nos feftins, au bal même, on apprend à fe familiarifer avec les productions du génie. L'effet des lumieres, la magie de la peinture, l'éclat d'une décoration théâtrale, tout intéreffe, tout inftruit.

Dans les environs des Cités, l'infpection des lieux champêtres fertilife l'imagination, agrandit, développe les idées; on y examine la fituation, l'expofition, la difpofition des lieux : on s'inftruit avec le Propriétaire fur les convenances & les commodités relatives à fon ufage, & fur celles des perfonnes qui font à fon fervice : on parcourt d'un œuil avide les environs; on revient s'inftruire encore avec le Receveur de fes domaines : on entre, avec le Fontainier, dans des bofquets charmants que les eaux jailliffantes embelliffent encore, & où l'on fe rappelle la théorie du jardinage de Leblond : avec le Jardinier, on parcourt l'orangerie, les ferres chaudes, les potagers, où les préceptes de la Quintinye font obfervés avec foin. On paffe enfuite dans les différentes baffes-cours, on en examine les divers départements; enfin on revient au principal corps-de-logis, où, au milieu d'une société aimable & choisie, on acquiert toutes les connoissances préliminaires, qui dans la suite amenent l'Architecte, à tirer partie des occasions qui se présentent à lui pour élever des Bâtiments salubres, commodes & agréables.

C'est par le desir de s'instruire, c'est par un examen continuel & réfléchi, c'est avec la passion de devenir un Architecte de mérite, qu'on s'éclaire avec tous, & en tout temps : autrement que pouvoir espérer d'un jeune homme abandonné à lui-même, qui se contente d'effleurer les prémiers éléments de l'Art, qui le plus souvent n'a qu'une éducation négligée, qui quelquefois même est sans Lettres, sans principes? de ces jeunes gens, en un mot, qui, cédant à l'occasion, se trouvent sans Minerve; qui, ignorant la plupart des connoissances qui tiennent à l'éducation, ne s'en annoncent cependant pas moins pour des êtres importants, parce qu'à l'ombre de quelques dehors affectueux, & d'un débit assez intéressant, on les prend pour des Oracles; erreur néanmoins dont on revient bientôt, en apercevant l'artifice auquel ils doivent leur prétendu mérite.

Mais laissons derriere nous ces Artistes superficiels, nos conseils ne s'adressent ici qu'à

qu'à ceux qui defirent un jour honorer leur
Patrie par des ouvrages celebres, & par-là
atteindre les Architectes de la France, dont
les chefs-d'œuvre égalent les entreprifes des
plus grands Maîtres qu'ont produits la
Grèce & l'Italie. Nous ne parlons qu'à
ceux qui, non contents de s'inftruire, par
une lecture continuelle & réfiechie, dans
les Livres qui traitent des Beaux-Arts en
général, & en particulier de l'Architecture,
ont encore recours aux Auteurs qui peuvent leur apprendre tout ce qu'il convient
qu'ils fçachent de l'Hiftoire des Nations
policées, & des Peuples où les Arts ont
été en vigueur; qui, dans la Littérature,
faififfent tout ce qui peut contribuer à leur
orner la mémoire, & à leur infpirer le defir
de s'inftruire de plus en plus; à ceux enfin qui
jufque dans leurs moments de loifir par-
courent les ouvrages d'efprit, & ne négligent pas même tout ce qui n'a pour objet
que l'agrément : perfuadés qu'il leur eft
également effenciel, en devenant des hommes utiles, de joindre à beaucoup de talents une éducation cultivée. Mais paffons
à l'analyfe des principaux objets que nous
venons de tracer.

Nous avons fait entendre, dans le commencement de cette Differtation, que les

Mathématiques, le Deſſin, l'Art de modeler, la Perſpective & la Coupe des pierres, devoient indiſpenſablement faire partie des connoiſſances de l'Architecte. Reprenons chacun de ces objets en particulier, pour en faire ſentir l'importance, & donner à connoître l'art de les appliquer à l'étude de l'Architecture.

En étudiant les Mathématiques, combien ne ſe rencontre-t-il pas de jeunes gens qui n'acquierent jamais, ou que bien peu, la maniere de s'en ſervir utilement dans l'art de bâtir ; qui, les conſidérant comme une Science à part, font rarement uſage du calcul qui en fait partie, pour ſe rendre compte des rapports que les corps, comparés à d'autres corps, doivent avoir enſemble dans l'ordonnance des façades ; qui ignorent l'art de l'employer, lorſqu'il s'agit de faire des devis, ou qu'on parvient au réglement des mémoires après la bâtiſſe ; qui connoiſſent la Trigonométrie, mais qui, faute d'habitude, n'en levent pas moins leurs Plans par routine ; qui, ne ſçachant qu'imparfaitement la Géométrie, plantent un Bâtiment par une pratique incertaine : d'où il réſulte des erreurs ſans nombre, d'autant plus difficiles à réparer, qu'on ne s'en aperçoit que bien après

que l'édifice est élevé au-delà des fondations : qui, pour n'avoir approfondi que
légérement les Sections coniques, méconnoissent celles des corps & leur pénétration
dans la coupe des pierres; defaut de connoissance qui les force d'avoir recours aux
démonstrations pratiques du Pere Derand,
ou de M. de la Rue, ne pouvant atteindre à la théorie de Frézier, pour lever les
difficultés de l'apareil : qui, n'ayant qu'une
foible idée des Mécaniques, ralentissent
dans leurs entreprises l'accélération si nécessaire dans la main-d'œuvre : qui enfin,
faute des connoissances de l'Hydraulique,
se trouvent embarrassés, lorsqu'il s'agit
de l'épuisement ou de l'élévation des eaux
dans les grandes entreprises. Cependant
ils ne s'en annoncent pas moins pour des
Mathématiciens, sans se douter que sçavoir
les Mathématiques comme ils les ont ap-
prises, & être Mathématicien proprement
dit, sont deux choses qui ne peuvent entrer
en comparaison.

Il en arrive à peu-près de même lorsqu'on apprend le Dessin : s'adonne-t-on
à la Figure, on passe rapidement aux su-
jets compliqués, & cependant on ignore
encore les proportions du corps humain;
ou si l'on dessine quelques têtes de cara-

ctere, on ne s'arrête pas affez à celles qui
ont le plus d'expreffion : les autres parties
de détail rebutent également ; celles-ci
cependant conduifent à l'habitude de bien
voir , & à diftinguer dans la fuite cette
précifion que l'homme de goût faifit
avec tranfport dans les productions des
grands Maîtres : on préfere *un faire* aifé
qui abrége le travail, à la vérité, mais qui
n'amene jamais aux connoiffances appro-
fondies de l'Art : ordinairement on confulte peu les dons de la nature. Tel, par
exemple, qui deffine vague , incorrect,
ignore qu'il arriveroit à une certaine exa-
ctitude, s'il cherchoit à imiter la maniere
précieufe, mais fçavante, des Bouchar-
don & des Natoire : tel autre au contraire, naturellement porté à deffiner fervilement, ne fe doute pas qu'il devroit avoir
recours à la touche large & facile des Pierre
& des Boucher: la plupart changent d'originaux comme d'idées; très-peu deffinent d'a-
près la boffe , prefque jamais d'après nature :
enfin ils ne fçavent ni les éléments de l'Hiftoire facrée, ni ceux de l'Hiftoire prophane:
ils ne veulent être ni Peintres, ni Sculpteur, difent-ils: cela peut être ; mais en
font-ils moins deftinés un jour à devenir
les Appréciateurs des chefs-d'œuvre de
Peinture & de Sculpture? or comment ap-

précier les vrais talents avec des connoiffances médiocres?

On ne s'acquite guère mieux de la partie qui regarde les ornements : au-lieu
d'avoir recours aux exemples de l'Anti-
quité en ce genre, on deffine quelques
morceaux d'après la gravure; mais qu'il y
a loin de ces modeles aux productions
de l'Art que les Anciens ont fçu réunir
aux beautés de la nature, & auxquelles
ils ont fçu ajouter, par des tranfitions heureufes, d'autres beautés idéales, des formes
contraftées, mais réfléchies, qui leur ont
fait produire tant de chefs-d'œuvre! Faute
de fuivre cette marche, on cede au torrent, on devient efclave de la mode, ou,
ce qui eft pis encore, on ne compofe que
des ornements fans vraifemblance, & qui
par-là n'ont aucune analogie avec le motif
qui les amène fur la fcêne.

Pour éviter de tels abus, indiquons un moyen
qui nous a réuffi plus d'une fois: qu'on deffine
de bons originaux, faits d'après d'excellents
bas-reliefs; que l'on copie d'abord le deffin
fait d'après; qu'enfuite on place l'un & l'autre en oppofition pour les comparer enfemble, par-là on acquerra à la fois, & la maniere de deffiner fidélement, & celle de
rendre dans fa copie l'expreffion, dont l'é-

bauchoir aura laiſſé la trace ſur le modele.

Lorſqu'on paſſera au Payſage, que jamais on ne deſſine non-plus d'après la gravure ; celle-ci n'eſt bonne à conſulter que pour l'effet général : lorſqu'il s'agit de la compoſition, il eſt utile ſans doute d'avoir recours aux Œuvres de Label, de Calot, de le Clerc, de Silveſtre : mais, pour apprendre à deſſiner avec goût, il faut copier les Maîtres d'Italie & ceux de notre École Françoiſe qui ſe ſont le plus ſignalés dans ce genre de talent. Pour ſe rompre dans le Payſage, il faut le deſſiner tantôt à la ſanguine, aux trois crayons; tantôt à l'encre, au biſtre, à la gouaſſe : il faut ſe faire de cette occupation un délaſſement après une étude plus ſérieuſe : il faut ſe rappeler que les hommes en place ſe ſont plu, dans tous les temps, à aſſocier à leurs connoiſſances acquiſes, cette partie intéreſſante du Deſſin; qu'enfin c'eſt par ſon ſecours qu'un Architecte explique avec netteté ſes idées aux Grands, & ſes intentions aux Artiſtes qui le ſecondent dans ſes travaux.

Lorſque nous avons recommandé de ſe rendre compte des développements géométraux de ſes projets, nous avons ſuppoſé qu'à cette étude, on joindroit la maniere de deffiner l'Architecture avec intelligence. Pour cela, il faut defcendre dans tous les détails de la théorie des ombres; les deffins d'Architecture étant pour l'Architecte une efpece de modele, qui lui fait juger fi l'idée qu'il en a conçue, lui offre celle qu'il avoit droit d'en efpérer. En effet cette théorie lui apprendra à concevoir ce qu'il eft néceffaire d'ajouter ou de retrancher dans les différentes parties de fon projet, pour parvenir à un plus grand fuccès. Après cette étude intéreffante, nous confeillons de faire ufage du lavis pour ombrer les coupes d'une maniere tendre & moëlleufe; les façades, d'une touche plus ferme, fans les trop pouffer au noir : les plans au contraire peuvent trancher davantage, chaque objet devant s'annoncer différemment.

Nous recommandons néanmoins de ne jamais imiter, ou rarement, ces touches vagues & accidentelles dont on ufe fréquemment; il ne faut fe les permettre tout au plus que dans des efquiffes, & non dans des deffins d'Architecture, qui doivent préfenter la fraîcheur & la précifion d'un édifice nouvellement élevé : ces écarts ne montrent que l'inconféquence du Deffinateur. Certainement dans tous les genres de Deffin, il faut faire choix de la meilleure maniere de les rendre. Les Manfard, les le Mercier, les Perrault ont dédaigné cet artifice; aujourd'hui, il semble qu'on ne veuille plaire qu'aux Peintres de Ruines; encore n'imite-t-on de ces Maîtres, que les licences pittoresques, autorisées par la vétusté des fabriques qu'ils ont intention de représenter dans leurs tableaux. Qu'on y réfléchisse, la bonne Architecture, ses belles formes, les proportions qui la constituent, n'ont pas besoin de ce prestige, qui blesse plutôt l'œuil qu'il ne le satisfait. Un autre abus, plus condamnable encore selon nous, c'est de faire paroître dans un même dessin des objets géométraux, & d'autres en perspective; inadvertence qui prouve le défaut de raisonnement du Dessinateur, & qui force, pour ainsi dire, l'Examinateur à méséstimer la production de l'Artiste, qu'il auroit peut-être applaudie sans cet écart.

Nous avons reconnu l'Art de modeler l'ornement, comme un Art essenciel; il apprend en effet à discerner les chefs-d'œuvre de Sculpture des du Goulon, d'avec les médiocrités en ce genre qu'on étale de nos jours avec profusion, dans nos édifices, parce que plusieurs de leurs Ordonnateurs semblent peu jaloux de produire des chefs-d'œuvre, & que, dans leurs décorations, ils s'attachent plutôt à plaire à la multitude qu'aux vrais Connoisseurs. Il en faut cependant convenir, l'usage de l'ébauchoir indique tout à la fois à l'Architecte, & la forme, & le relief des objets qu'il veut réaliser; il prête à son génie, & lui offre une infinité de ressources que le Dessin seul ne peut lui suggérer : considération trop essencielle pour n'en pas acquérir l'usage dès le commencement de ses études.

• L'Art de faire des modeles de relief en carton, ou en bois, devient aussi utile que celui de modeler en argile, ou en cire: il donne l'idée générale du projet; il enseigne les moyens de se rectifier, avant de passer à l'exécution; il concourt à régler la proportion que doivent avoir les cours principales avec celles qui appartiennent seulement aux dépendances de l'édifice; il annonce les issues; il dispose les accessoires, les alentours; il marque la prééminence qu'on doit donner aux principaux corps de logis sur les ailes; le parti qu'on peut tirer d'un terrein montueux; en un mot, un modele en relief fait connoître à l'Architecte, la perfection ou l'imperfection des premieres pensées que lui a données le Propriétaire, & que, par son acquis, il a cherché à concilier avec les préceptes de son Art.

En conseillant l'étude de la Perspective, nous n'avons pas laissé ignorer combien elle étoit utile, pour rendre raison de l'accord général qui doit régner dans l'ensemble de l'édifice; nous ajouterons, qu'après s'être rendu compte de la véritable proportion des corps, de leur saillie & de leur hauteur, il convient, par son secours, de comparer ensemble leurs diverses dimensions, ce qu'il paroît essenciel d'y ajouter, ou d'y retrancher. Qu'on ne s'y trompe pas, on juge toujours imparfaitement de leur effet, lorsqu'on ne s'attache qu'à des développemens particuliers, dépourvus des moyens que la Perspective fait reconnoître. C'est par elle qu'on s'aperçoit si l'on n'a abusé de rien, & si les parties principales deviennent suffisamment pyramidales, sans avoir recours à l'usage des attiques, trop communément employés parmi nous.

N'en doutons point, c'est par de telles comparaisons, qui jamais ne sont échappées aux grands Maîtres, qu'on remarque dans leurs productions cette beauté, & tout à la fois cette simplicité qui les caractérise. Au contraire ceux qui méconnoissent cette ressource, & qui ignorent la maniere d'employer les ressauts & le jeu des avant-corps, simples ou composés, ajoûtent sans nécessité, à d'assez grandes hauteurs, d'autres hauteurs encore, aussi inutiles que déplacées : tant il est nécessaire de faire précéder l'exécution d'un Bâtiment par toutes les différentes études dont nous parlons. D'ailleurs la Perspective a encore l'avantage de procurer à l'Architecte la facilité de communiquer ses idées aux Personnes en place, en leur offrant, dans un seul dessin, tout l'ensemble du chef-d'œuvre qu'il médite. Du sein même de la Capitale, il le fait passer dans les Cours étrangeres, où il ne parviendroit que difficilement par le secours d'un modele. C'est par la Perspective enfin qu'il appelle à lui certaines licences que le genre du Bâtiment peut lui permettre, quoique les regles de l'Art les désapprouvent en toute autre occasion.

Nous avons desiré que le jeune Architecte acquît les connoissances qui font la base de l'étude d'un Ingénieur. Pourquoi ? c'est qu'il doit s'attendre à être appelé un jour dans nos Villes de guerre, soit pour y donner les dessins des Portes extérieures ou intérieures de ces mêmes Villes, des Plans pour des Arsenaux, des Casernes de Cavalerie ou d'Infanterie, soit pour y construire des Prisons, des Hôpitaux militaires, des Places d'armes. Comme ces différents Bâtiments d'utilité tiennent de fort près aux Fortifications, il ne peut ignorer le rapport que celles-ci doivent avoir avec ces fortes d'édifices. Il convient donc que, pour réunir ces deux genres d'Architecture, il confere souvent avec l'Etat Major; qu'il s'instruise sur le lieu des obstacles qu'il faut surmonter; qu'il connoisse même l'endroit le plus foible de la place qui pourroit être attaquée par l'Ennemi, afin d'en disposer la majeure partie à l'abri des remparts, ou sous le canon de la Citadelle.

A son tour, l'Ingénieur pouvant être chargé de la plupart des Bâtiments attribués à l'Architecture civile, tels qu'un Gouvernement, des Hôpitaux, une Basilique, une Intendance, il doit sçavoir les regles de l'Art, & donner à ces édifices la disposition la plus avantageuse; & prévoir que leur ordonnance doit se ressentir de l'expression virile, sans nuire au caractere particulier qu'il convient d'assigner à chacun. Rien ne peut donc dispenser l'Architecte ni l'Ingénieur de concilier ensemble, & la partie qui regarde le Service du Prince, & celle qui contribue à élever des édifices d'éclat capables d'illustrer son règne.

Si ce que nous conseillons n'est pas sans fondement, le jeune Architecte doit concevoir la nécessité de l'étude des Fortifications, & le jeune Ingénieur celle de l'Architecture civile, peut-être trop négligée par la plupart.

Depuis long-temps nous faisons nos efforts pour persuader ceux qui s'adressent à nous de faire entrer dans le cours de leurs études ces deux connoissances utiles, afin qu'ils acquierent par-là ce que notre propre expérience nous a appris à cet égard. Nous saisissons même cette occasion de rappeler à nos jeunes Citoyens, que précédemment M. de Vauban, de nos jours M. Frezier, pour n'en citer qu'un petit nombre, ont prouvé & prouvent encore, par cette réunion, la supériorité de leurs talents ; que François Blondel, Architecte du premier Ordre, & Maître de Mathématiques du grand Dauphin, joignoit à la célébrité de ses connoissances dans l'Architecture, celle des Fortifications ; qu'enfin, de son temps, Vitruve, Architecte & Ingénieur d'Auguste, nous a laissé des traces immortelles de l'etendue de ses lumieres : qu'en un mot ces deux Arts, ou plutôt ces deux Sciences, ont trop d'affinité & trop de relation l'une avec l'autre, pour ne pas mériter l'attention de tout homme qui, voué à ce genre de talent, se propose de consacrer ses jours, & à l'utilité, & à la gloire de fa Patrie.

A l'étude de l'Architecture militaire, nous avons aussi propofé au jeune Architecte, d'affocier les principes élémentaires de l'Architecture navale, non pour fe charger de la conftruction des Vaiffeaux, mais pour apprendre à réunir dans la compofition d'un Arfenal de Marine, toutes les parties néceffaires à cet objet; afin de pouvoir tirer le parti le plus avantageux & le plus utile, lorfqu'il s'agit des digues, des moles & des jetées; pour fituer le plus convenablement les fanaux, & préfider à l'ordonnance de ces édifices deftinés à éclairer l'entrée & la fortie des Bâtiments maritimes dans nos Ports; afin de conftruire des Hôpitaux pour des Matelots, des Bagnes pour le logement des Forçats, des Magafins d'armes, des Corderies, des Atteliers; en un mot, tous les genres d'édifices relatifs à la Navigation & au Commerce. Qu'on ne s'y trompe pas, toutes ces productions font fufceptibles des régles de la belle Architecture; on doit fans doute les affujétir au befoin qui les fait ériger, mais on doit leur affigner en même temps un caractere convenable, puifé d'après leur ufage particulier.

Nous avons obfervé, en parlant de la

coupe des pierres, que cette étude étoit indispensable; en effet quel secours l'Art du trait n'offre-t-il pas dans la bâtisse! combien sur-tout ne s'en font pas servis utilement les Goths dans la construction de leurs édifices. Par l'étude des Mathématiques, presque universelle aujourd'hui, combien cet Art n'a-t-il pas fait de progrès parmi nous, depuis les Delorme, & par les découvertes des Praticiens de nos jours.

Il en faut convenir, rien ne résiste à cet égard aux Architectes, qui ont le plus de connoissance dans cette partie, ils négligent même de faire usage de tous les secrets que cet Art nous enseigne, & dédaignent de faire parade de la plupart de ses ressources. Ils aiment mieux, disent-ils, satisfaire l'œuil que l'étonner, sur-tout lorsqu'il s'agit, ou de nos édifices publics, ou de quelques-unes des parties les plus usitées dans nos Bâtiments d'habitation. Ils pensent avec raison que la vraisemblance doit avoir le pas sur une témérité présomptueuse, & abandonnent aux Appareilleurs les minuties, ces petits détails symétrisés, qui ne prouvent que la difficulté de la main-d'œuvre. Ils se renferment dans les bornes qui leur sont prescrites par le goût de l'Art: visant d'ailleurs à la beauté de leurs œuvres, ils ne perdent pas de vue une

économie raisonnable, & s'appliquent particuliérement à soutenir en l'air avec légéreté, & leurs coupoles & les panaches
qui les rachetent : ils s'attachent à leurs
voûtes, à leurs vouffures, aux trompes
& aux autres pieces de·trait qui, en
affurant la folidité de l'édifice, n'en font
pas moins fufceptibles de membres d'Architecture & d'ornements, deftinés à les embellir.

Nous n'entendons pas néanmoins qu'il
faille négliger la beauté de l'appareil, lors
de la conftruction d'un ouvrage important;
nous le regardons au contraire comme une
des parties de l'Art qui peut ajouter à celle
de l'ordonnance, parce que les moyens
dont on ufe pour entretenir les plates-ban-
des, pour conftruire avec une élégance
apparente les voûtes d'un Bâtiment, le
foin qu'on prend d'en bien dreffer les pa-
rements, d'obferver une régularité dans la
liaifon des joints, lui procure une nouvelle perfection. Nous blàmons feulement
la prétention que la plupart des Artiftes
fubalternes attachent à cette fervitude fcru-
puleufe; fervitude qui nuit effenciellement
à cette fimplicité, préférable, dans toutes
les productions de l'Architecture, à tout
ce que cet Art peut ajouter à la beauté
de l'ordonnance.

La connoiffance de la coupe des pierres
amene

amene à celle des bois, pour difpofer avec art, dans la Charpenterie, l'affemblage des combles de diverfes efpeces; pour méditer la conftruction des planchers; pour eftimer la groffeur des poutres & des folives, relativement à leur longueur & à leur portée; pour prévoir dans les pans de bois la difpofition & l'utilité des poitrails, des fablieres, des poteaux corniers, & des travées qui féparent les trumeaux d'avec les ouvertures.

La connoiffance de la coupe des bois, eft encore néceffaire dans l'emploi de la Menuiferie. Elle indique à l'Architecte l'art de furveiller l'Entrepreneur dans l'affemblage des revêtiffements des lambris de hauteur, & des lambris d'appui. Elle conftate l'épaiffeur des bois pour les portes, les croifées, ainfi que pour celle des vouffures, des tours rondes & des tours creufes; elle affortit leur calibre à celui des bois marchands, foit pour arriver à une plus grande économie, foit pour parvenir à une accélération, toujours intéreffante dans la bâtiffe; fans pour cela nuire en rien à la falubrité & à la beauté que la Menuiferie procure à la décoration des appartements.

Outre ces diverfes connoiffances, nous avons voulu que le jeune Architecte acquît également, & l'expérience qui lui eft

C

néceſſaire dans la pratique du Bâtiment, & celle qui lui apprend à juger les ouvrages célebres, exécutés ſur les Deſſins des plus habiles Maîtres, anciens ou modernes.

Sans l'expérience, qui a pour objet l'art de bâtir proprement dit, il ne fait guère que des deſſins, ou plutôt des images : n'ayant aucune idée de l'appréciation des matieres, ni de l'achat du terrein, il étend ſon projet au-delà des bornes qui lui ſont preſcrites, & n'arrive, par le ſecours de la théorie, à un certain degré de perfection, que parce qu'il l'a fait illimité ; en ſorte que ſi l'on remarque dans ſa compoſition quelques traits de génie, on n'en reconnoît pas moins que, s'il s'étoit attaché à vaincre les obſtacles néceſſaires à ſurmonter, ſon Plan n'auroit pas pu paſſer, même pour un ouvrage médiocre.

Faute d'ailleurs de s'être exercé long-temps à ſurmonter toutes les entraves, à ſe rendre compte des convenances, des difficultés de la main-d'œuvre, & de la négligence des ouvriers, il haſarde des moyens qui, confiés à des mains plus habiles, auroient pu réuſſir, mais qui, n'étant ni bien conçus de leur part, ni ſurveillés par lui, échouent preſque toujours ; au-lieu que prémuni de l'expérience dont nous parlons, il auroit pu en ſçavoir aſſez, & être en état d'oſer davantage.

De fon inexpérience, il arrive encore, que peu accoutumé à diriger les Artiftes qu'il appelle dans fes travaux, au-lieu de profiter de leurs lumieres pour fe redreffer fur fes idées; plein de lui-mème, n'écoutant que fa préfomption, il paffe par-deffus toutes les regles, précipite l'entreprife, & ordonne aux divers Artiftes, différentes parties d'embelliffements, avant d'avoir determiné ou réfolu les principales maffes de fon projet. De cette précipitation, il réfulte que dans la plupart de ces différentes parties, les unes fe trouvent trop foibles, les autres trop fortes : autant d'inadvertances qui nuifent à l'enfemble, & n'offrent plus que quelques détails intéreffants, jamais un tout afforti.

D'une autre part, deffinant avec facilité, il croit entendre également toutes les branches de l'Art, fans fonger que tel objet, comparé avec tel autre, exige des formes différentes; que le deffin d'un amortiffement dans les dehors, doit différer de celui de l'attique d'un lambris dans les dedans; que c'eft enfin par cette différence de ftyle, & par la grande habitude de faire & de faire faire fous fes yeux, qu'on parvient à affigner à chaque partie ce caractere de fermeté ou d'élégance, cette richeffe ou cette fimplicité, qu'il convient de donner à la décoration de l'édifice.

Une autre forte d'expérience, non moins effencielle à acquérir, eft celle qui apprend à connoître les chefs-d'œuvre que les grands Maîtres ont élevés, foit en France, foit en Italie; ce font ces chefs-d'œuvre qui feuls font impreffion fur nous : leur afpect rend nos idées, & plus vives, & plus claires. Ordinairement les connoiffances que nous tirons des inftructions fpéculatives, ne peuvent être regardées que comme des notions préliminaires; encore fi elles font mal faifies, elles éloignent prefque toujours de l'original; en un mot les Arts, & fur-tout l'Architecture, fe perfectionnent mieux par les exemples que par les préceptes. Cependant, avant de vouloir paffer à cette derniere forte d'expérience, il faut s'attacher à deffiner avec foin les différentes beautés qui fe font remarquer dans les édifices les plus eftimés. A la vérité nos Recœuils font une reffource à cet égard; mais il font infuffifants. L'afpect des lieux infpire tout autrement; en nous offrant l'enfemble général, il nous porte à juger plus promptement du rapport des parties qui nous affectent avec celles qui les uniffent; il nous apprend, par la comparaifon, l'art difficile d'affortir la Sculpture à l'Architecture, & d'affocier les différentes matières les unes avec les autres; d'où naît fou-

vent cet accord qui fait parvenir l'Architecte à rendre l'ordonnance de son édifice
somptueuse, sans jamais avoir recours à la
profusion; il nous amene enfin à juger pertinemment des efforts que les Architectes, qui
nous ont précédés, ont faits, pour concilier les préceptes de l'Art avec la convenance du Bâtiment.

Dans les dehors, tous les membres d'Architecture & les ornements répandus dans
une même façade, doivent paroître faits
par la même main, & conçus avec le même
esprit; c'est l'aspect réfléchi des lieux qui
nous en fait concevoir la nécessité : c'est
lui qui nous fait comprendre que la saillie
des avant-corps sur les arrieres-corps, &
les rapports observés entr'eux, doivent être
exacts, & contribuer à caractériser l'ordonnance; que c'est de ce rapport que naît la
source du plaisir qu'on éprouve. C'est au pied
de l'édifice qu'on puise l'art de démêler les ressources dont s'est servi l'Ordonnateur pour
arriver au degré de perfection qu'on admire;
de maniere que bientôt on desire d'en imiter
la marche dans ses differentes productions.

S'agit-il des dedans, l'aspect des lieux
nous porte à examiner d'abord l'ensemble
de la composition, ensuite l'union & le
choix des matieres que l'Artiste a em-
ployées avec autant d'art que de goût,

dans les différentes pieces qu'il a décorées: il nous en fait concevoir toutes les parties: nous appercevons la fermeté & la fimplicité qu'il a affectées dans celle-ci; la légéreté qu'il a cru devoir obferver dans celle-là; les repos qu'il a fçu placer entre l'une & l'autre, pour éviter la profufion & la confufion des ornements. La vue des lieux nous rend compte, pour ainfi dire, des fymboles & des allégories qu'offre à l'Architecture le miniftere de la Peinture & de la Sculpture, les tons des marbres, l'application des bronzes, la forme des meubles, le choix des étoffes; & c'eft alors que l'on conçoit que l'Architecte a préfidé par-tout; que par-tout il a fçu foumettre les Beaux-Arts à fon génie, & que tous fe font venus ranger fous fes lois avec d'autant plus de prudence, qu'ils ont tous acquis féparément un nouvel éclat dont ils auroient été privés, s'ils euffent été ifolés & dépouillés des fecours mutuels qu'ils fe prêtent les uns aux autres, lorfqu'ils fe trouvent réunis par un habile Maître; au-lieu que, dépourvus de ce fecours, ils ne s'y trouvent fouvent répandus qu'avec fafte, & femblent au contraire ne s'être prêté la main que pour accabler l'Architecture qui leur a donné lieu; en forte que l'or même fatigue les yeux. A la vérité, tout y eft riche, recherché;

mais la nobleſſe & la ſimplicité s'en trou-
vant bannies, on n'y voit plus cet accord
enchanteur qui fait le charme de l'intérieur
de nos habitations.

Enfin nous avons recommandé la lecture
à nos jeunes Architectes : la lecture, a dit
quelque part un de nos Auteurs modernes, fait partie du devoir de l'honnête-
homme; il faut lire pour s'inſtruire, ſe
conſoler & ſe corriger : l'oracle, dit-il, qui
ordonna de conſulter les morts, parla ſans
doute des livres. Dans l'Architecture, on
doit donc regarder la lecture comme le
ſeul moyen de ſe nourrir de l'eſprit des
bons Auteurs; puiſque ſans parler de l'Hi-
ſtoire, qui eſt indiſpenſable pour faire un
choix judicieux des attributs qu'il eſt ſouvent
néceſſaire de répandre dans la décoration
des Bâtiments, ſi l'on n'a pas ſoin de s'orner
la mémoire des meilleures productions des
Artiſtes, on ne produit guère que des compoſitions froides, monotones & dépour-
vues des grâces dont la décoration eſt
ſuſceptible. Sans l'amour de l'étude, on
ne ſauroit puiſer, dans les ſources, les
vrais préceptes de l'Architecture, ni acquérir les éléments de la Phyſique, de l'Hi-
ſtoire naturelle, de l'Anatomie, de la Géo-
graphie; ceux de la Sculpture, de la Pein-

ture & du Jardinage: autant de nouvelles connoiſſances inſeparables des talents de l'Architecte, au-moins par induction. Sans les Belles-Lettres, il ne peut faire aucun progrès dans la partie de l'élocution, qui lui devient eſſencielle pour conférer avec les Grands, les Savants, les hommes du monde. Par l'étude des Belles-Lettres, l'éloquence de la Chaire, le Barreau, le Théâtre même, l'éclaireront ſur une infinité d'objets relatifs à ſon Art : par leur ſecours, il parviendra à une correſpondance honorable avec le Potentat, le Prélat, le Magiſtrat.

D'un travail ſuivi & pénible, veut-il paſſer à des études moins ſérieuſes, la Littérature lui ouvre ſes tréſors; elle lui offre, tantôt d'excellentes Diſſertations, tantôt des Critiques ſaines: de la Politique, de la connoiſſance des Loix, il paſſe à la Vie des grands Hommes : les ouvrages Dramatiques, les Romans même, lui développent les idées, lui fourniſſent matiere à réfléchir. Perſuadé qu'on arrive aux Sciences, aux Lettres, aux Arts, par le même chemin, en méditant la marche qu'ont ſuivie les hommes de génie dans tous les genres de talents, il s'approprie tout ce qui a rapport à ſes beſoins; il fait des notes, des extraits, & ſe familiariſe avec l'Art d'écrire : enfin ce travail devient pour lui un véritable agrément, & il parvient à préferer un jour l'etude, à la futilité des plaifirs bruyants & tumultueux.

Telles font les connoiſſances indifpenſables à réunir à l'étude de l'Architecture : nous concevons que, dans le grand nombre de ceux qui fe deftinent à cet Art, plufieurs feront effrayés d'un travail auſſi laborieux, & qui demande autant de conftance & d'aſſidüité. Mais ce n'eft pas à ceux-ci que s'adreſſe l'énumération des principaux objets rapportés dans cette Diſſertation ; c'eft encore à ceux qui, naturellement pénétrés de l'amour de la gloire, fentent le befoin de s'inftruire, & qui réfléchiſſent, que plus ce befoin eft indifpenſable, plus le plaifir d'y fatisfaire eft fenfible : c'eft à ceux qui, nés avec d'heureuſes difpofitions, des talents, & qui ont déja une réputation commencée, doivent continuer d'acquérir, & ne jamais rifquer de hafarder en public des compofitions imparfaites, négligées, & où tous les genres fe trouvent confondus, fous le vain prétexte qu'ils ne font pas deftinés à jouir un jour du trionphe de l'exécution.

Au refte, nous n'entendons point que toutes les connoiſſances que nous femblons exiger, foient acquifes dans les

premieres années confacrées aux éléments,
aux details, aux développements, aux pro-
fils, enfin à l'Art de deffiner l'Architecture
avec goût, & dans le meilleur genre. Ces
diverfes connoiffances s'acquierent pendant
toute la vie. Les plus grands Hommes étu-
dioient encore, lorfqu'ils ont produit leurs
chefs-d'œuvre. Nos Sculpteurs, nos Peintres célebres, tous les jours confultent la
Nature, deffinent d'après le modele. L'Architecte, a la Nature & l'Art à confulter:
il a plus que tout cela, il a l'expérience
à acquérir; elle feule occupe tous fes moments; non-feulement il doit veiller à tout
ce qui fe paffe fous fes yeux, mais encore
entretenir une correfpondance fuivie avec
les Architectes & les Artiftes habiles des
Provinces les plus éloignées; l'étendre jufqu'aux Pays étrangers; comparer les divers
ufages, les différentes matieres, la maniere
de les employer dans ces différentes con-
trées, avec celles dont nous ufons chez
nous; enfin s'inftruire du phyfique, du
goût & des progrès des Arts, cultivés avec
plus ou moins de fuccès chez toutes les
Nations policées de l'Univers.

OBSERVATIONS

Sur différentes Parties de l'ARCHITECTURE.

POUR donner une idée du parti qu'on peut tirer de la lecture dont nous venons de démontrer l'utilité, offrons quelques Observations que nous avons eu occasion de faire, soit dans nos Conférences publiques, soit en donnant nos Leçons particulieres; soit dans nos méditations sur notre Art, en étudiant Vitruve, Philander, Alberti, Scammozy, Palladio; soit enfin en lisant pour notre instruction, ou dans nos moments de loisir, Horace, Plutarque, Montesquieu, Buffon, nos meilleurs Dictionnaires, nos Journaux d'élite, nos Brochures choisies, autant de lectures qui, faites dans la vue de s'éclairer, tournent au profit de l'Art. En effet, nous y avons puisé des traits, des pensées dont nous nous sommes plu à former un Recœuil assez intéressant. Nous allons en présenter quelques articles concernant l'Architecture : ils serviront à développer les objets sur lesquels nous n'avons pu nous étendre dans le corps de cette Dissertation; & ils pouront donner à nos Eleves l'idée de se livrer à une semblable étude, peut-être auffi utile pour eux que de puifer dans nos Recœuils, ou de deffiner à la hâte, au pied de nos édifices, différentes efquiffes de la plus grande partie des ornements qui s'y trouvent répandus.

§. I.

Les connoiffances qu'il a fallu aux Anciens, pour élever leurs monuments, ont de quoi étonner ; cependant, malgré les grands exemples qu'ils nous ont laiffés, il n'en eft pas moins vrai que les changements arrivés dans nos ufages, la différence du climat & la diverfité de nos matieres, femblent nous avoir forcés à créer, pour ainfi dire, un nouvel Art, pour élever des édifices relatifs à nos befoins : d'ailleurs, il en faut convenir, nous envifageons le fpectacle de la Nature autrement qu'eux. Tout eft changé, les Mœurs, les Dieux, la Politique ; ces changements ont dû néceffairement en produire dans les édifices que nous élevons ; c'eft pourquoi il feroit peut-être déraifonnable de vouloir aujourd'hui élever chez nous des édifices précifément dans le goût de l'antique ; une pareille imitation feroit prefque la cenfure de nos productions. Sans doute, les ouvrages des Anciens feront toujours des chefs-d'œuvre; mais ils ne peuvent nous servir de modeles: leurs Artiftes peuvent bien nous apprendre à penfer; mais nous ne devons pas penfer comme eux. Tous les Peuples ont un caractere, une maniere de fentir qui leur eft propre: la nôtre un jour ne pourra peut-être faire loi, pour les édifices à élever par la poftérité.

§. I I.

Il faut tout examiner, même les édifices médiocres: l'Architecte impartial doit faire fon profit de tout: il eft d'ailleurs certaines médiocrités en Architecture qui ne font véritablement telles que pour l'homme fuperficiel: à travers de pareilles produ-ctions, l'homme de talent découvre quelquefois des penfées hardies, une expreffion forte, des licences permifes, des écarts heureux; il n'y a guère que les Bâtiments d'une compofition au-deffous de la médio-crité, qui ne puiffent être d'aucune utilité à l'Architecte obfervateur.

§. I I I.

Depuis environ 30 années, on a fait en France des changements fi confidérables, dans la décoration intérieure de nos appartements, qu'il semble, en les examinant avec attention, qu'il y ait au-moins un siecle de distance, lorsqu'on vient à comparer les décorations exécutées au commencement de celui-ci, avec celles dont on fait usage de nos jours. Cette liberté d'opinion a si fort prévalu & passé en habitude, qu'on méseftimeroit peut-être un Architecte, qui n'ajouteroit pas quelques nouveautés singulieres à toutes celles qui ont précédé, contre l'usage & la raison. Nous convenons qu'il n'est presque pas possible de se roidir contre le torrent, ni contre la mode qu'une espèce de prescription semble avoir établie : cependant nous croyons qu'il est permis de dire en passant, que notre inconstance avoit assez d'occasion de paroître : nous aurions dû la renfermer dans les objets de peu de durée, tels que les meubles, les porcelaines, &c. mais il ne faudroit pas assujétir aux caprices de cette inconstance les édifices dont l'existence est destinée à passer à la postérité.

Ce qui doit paroître le plus étonnant, c'est que, dans tous les temps, les Ecrivains ont blâmé cet abus : Vitruve & même quantité d'autres Architectes depuis lui, ont écrit contre ce déréglement de l'imagination, sans pour cela que l'on se soit corrigé : tant il est vrai que le goût dominant des Nations, perce toujours, malgré les préceptes les mieux établis, & les raifonnements les plus convaincants. La fource de cette viciffitude provient fans doute de ce que quelque génie rare, hafarde ces nouveautés, & qu'en fa confidération elles prennent faveur : d'où il s'enfuit néanmoins que nombre d'Imitateurs mettent leur induftrie à les copier fervilement, & à les perpétuer, fans fe rendre compte fi ces nouveautés, tout eftimables qu'elles paroiffent d'abord , font fufceptibles d'imitation : de-là tant d'ornements frivoles que le vulgaire approuve d'autant mieux, que l'édifice fe trouve plus chargé de Sculpture ; ce qui cependant doit être regardé comme la plus grande de toutes les erreurs.

On ne peut difconvenir qu'il faut un choix judicieux dans cette forte d'acceffoires, & que, fi l'on veut que l'œuil en foit fatisfait, il faut y éviter la prodigalité ; autrement il ne fait plus où fe fixer , l'Architecture paroît cachée fous ce voile importun ; rien ne frappe le Spectateur, parce qu'alors rien ne l'émeut affez pour fentir une véritable fatisfaction : au-lieu que le vrai Connoiffeur ne peut refufer fon eftime & fon admiration à un édifice où il voit régner la nobleffe & la fimplicité ; où les repos, qu'on a affectés dans la décoration, fervent à

relever l'éclat d'une certaine richeffe ré-
pandue avec autant de choix que de prudence.

§. I V.

Il y a plufieurs années qu'il fembloit
que notre fiecle étoit celui des Rocail-
les ; aujourd'hui fans trop favoir pourquoi, il en eft autrement. Alors le goût
Grec & Romain nous paroiffoit froid, mo-
notone : à préfent, nous affectons la charge
de la plupart des favantes productions de
ces Peuples ; &, fans trop y réfléchir, nous
prétendons que les autres Nations s'affu-
jétiffent à faire ufage de notre maniere de
décorer, foit que nous imitions, dans nos
appartements, la bifarrerie des ornements
de Pékin, foit que nous ramenions, dans
l'ordonnance extérieure de nos édifices, le
goût pefant des premieres inventions de
Memphis. Long-temps le genre des Cuvi-
liers & des la Joue a été préféré aux productions des Manfard & des Perrault ; les
tableaux des Vateau ont été fubftitués aux
chefs-d'œuvre des le Brun. Il ne nous refte
plus qu'à introduire le goût gothique dans
notre Architecture, & peut-être n'en fom-
mes-nous pas éloignés ; tous les Propriétaires en effet prétendent être Architectes, au
point que celui qui a la paffion de bâtir, aime-
roit

roit mieux y renoncer, que de s'affujétir à fuivre les confeils d'un homme éclairé qui le contraindroit dans fes goûts, & l'empêcheroit de s'annoncer pour ce qu'il croit être.

§. V.

Que, dans une maifon fubalterne, l'économie dans la conftruction, force l'Architecte à quelques négligences dans les dehors, il n'y a peut-être pas un grand inconvénient : que, dans un Bâtiment particulier, la commodité foit préférée à la régularité des façades, on y porte affez peu d'attention. Mais, lorfqu'il s'agit de quelque édifice public, des Palais de nos Rois, des Monuments facrés, de ceux élevés à la gloire, des Héros & des grands Capitaines, l'ordonnance de leur décoration doit être exempte de toute efpèce d'irrégularité ; aucune excufe ne peut paroître légitime : alors l'expreffion, les proportions, les formes, tout doit porter le caractere fublime. Le prix de la matiere, l'application des ornements font des beautés infuffifantes, & ne peuvent détruire, aux yeux des hommes intelligents, les inadvertences qu'ils y remarquent. Nous l'avons dit plus d'une fois, on fait rarement grâce à l'Architecte, en faveur de la Sculpture.

D

Le jugement qu'on porte du grand avant-corps de la Cour du vieux Louvre & de la plus grande partie des façades du Palais des Tuileries, est, qu'ils ne préfentent guère que des beautés détachées qui n'en font pas plus admirer l'enfemble. Au contraire, la Porte de Saint-Denis, le Périftyle du Louvre font des chefs-d'œuvre, & dans leurs maffes, & dans leurs parties ; cependant la plupart des Architectes de nos jours femblent prendre une route oppofée aux procédés qu'ont fuivis les grands Maîtres, qui ont élevé les édifices que nous citons ; mais ils ne s'aperçoivent pas qu'en s'éloignant des véritables regles de l'Art, ils contribuent à égarer le plus grand nombre de ceux qui marchent fur leurs traces : en forte que ceux-ci, n'ayant ni leur expérience, ni leur génie, fe contentent de les imiter : ils fubftituent alors des erreurs à d'autres erreurs, des licences à d'autres licences ; ils préferent le faux goût au véritable goût de l'Art : ils croient enfin créer du neuf, parce que, dans leur compofition, ils ofent affortir enfemble le genre ancien avec le genre antique, le gothique avec le moderne, & le pefant avec le délicat, inconféquences qui font éclore tant de productions monftrueufes, effenciellement nuifibles aux progrès des Eleves, dont la plupart, ignorant encore l'Art

de démêler l'excellent d'avec le médiocre, nous donnent lieu de craindre que,
dans la fuite, le mauvais genre ne prevale
fur les chefs-d'œuvre, éleves par les plus
habiles Architectes. Que nos Eleves faffent
donc de nouveaux efforts pour les atteindre,
foit en fe pénétrant de leurs principes, foit en
cherchant à fuivre les lois qu'ils nous ont
enfeignées fur l'unité, l'efprit de convenance & les regles des belles proportions.

§. V I.

Les Beaux-Arts ont une deftinée à peu-
près commune, qui les fait marcher d'un
pas égal, fuivant le génie des fiecles qui
les cultivent. Autrefois les monuments deftinés à confacrer l'éclat d'un beau règne,
faifoient céder l'intérêt à la gloire de la
Nation : aujourd'hui l'économie, qui en-
gage de ménager avec art le terrein où
doit s'élever un Bâtiment particulier, eft
la même lorfqu'il s'agit d'ériger un édifice
public; &, quoique l'Architecture & la
Sculpture s'uniffent pour offrir à la poftérité un édifice qui honore le Prince & la
Patrie, la crainte ou la difficulté d'acquérir un local affez fpacieux, occafionne prefque toujours un vice dans fa difpofition &
dans fa fituation : vice qui eft fouvent caufe

que l'Etranger quitte la Capitale sans se douter qu'elle contient un ouvrage digne tout à la fois, & de ses recherches, & de son admiration. D'autres, d'une structure trop gigantesque, semblent laisser à nos Neveux le soin de leur procurer un point de vue convenable. Dans les Bâtiments d'habitation d'une certaine importance, la plupart des Propriétaires portent tous leurs soins & leurs libéralités pour la décoration d'un entre-sol, d'un cabinet en niche, & comptent pour rien la dignité qui doit présider dans l'intérieur des appartements où ils sont en représentation : ou bien ils les laissent décorer dans le même genre que ces petites pieces, qui seules devroient contenir les arabesques, les bambochades, ou les somptueux colifichets qu'un luxe ingénieux, mais tout-à-fait déraisonnable, a substitués au vrai genre & à une élégance intéressante.

Les commodités, les dégagements, les escaliers dérobés paroissent chez la plupart, les seuls points véritablement importants ; cependant quelle différence ne doit-on pas apporter, entre le genre de la décoration qui doit présider dans les appartements de parade, & celle destinée pour les appartements privés ? dans celle-là, il faut de la grandeur & de la dignité ; dans celle-ci, on peut user fans doute de moins de févérité : mais, fi nous en exceptons les grands Seigneurs, combien préferent un Kiosk, un Pavillon, afile de la volupté, ou feulement une falle à manger, une glaciere, des jardins pota-gers, des ferres-chaudes, à un édifice régu-lier, où l'Architecture étale fes beautés, & l'Architecte fes reffources.

§. V I I.

Le projet d'un Bâtiment devient fou-vent difficile à réfoudre : le Propriétaire & l'Architecte étant également gênés l'un par l'autre ; celui-ci, par la néceffité de fuivre les préceptes de fon Art ; celui-là, par les raifons qu'il a de fixer fes dépenfes : néan-moins il faut convenir qu'une économie mal entendue chez l'un, & trop de févérité chez l'autre, offrent fouvent des difficultés qui éloi-gnent long-temps la conftruction d'un Bâti-ment, même d'une médiocre importance.

§. V I I I.

Après avoir conçu le projet général d'un Bâtiment, il faut que l'Architecte étudie fé-parément chacune de fes parties principales, comme s'il ne s'agiffoit que de celles-ci à exécuter ; enfuite il doit penfer aux détails avec le même foin. Souvent ce font ces derniers objets qui font valoir les autres beautés, & qui s'attirent le fuffrage qu'on accorde à la perfection de l'édifice entier, & au talent de l'Architecte.

§. I X.

Les connoiffances néceffaires à un Architecte ont plus d'etendue qu'on ne s'imagine ordinairement: il ne fuffit pas d'avoir été Deffinateur, pendant quelques années, pour en mériter le titre. Bien loin que cette théorie l'éclaire fuffifamment & lui tienne lieu de la quantité des connoiffances qui lui font effencielles, elle le concentre au cabinet, & le prive de l'expérience qui ne peut s'acquérir que par des travaux pénibles, feuls capables néanmoins de conduire à la pratique, fi indifpenfable pour former un homme d'une grande capacité. Au refte cet acquis, auffi difficile qu'important, ne doit pas lui faire rifquer de mettre la main à l'œuvre, avant d'avoir, pendant plufieurs années, fréquenté les Atteliers & vifité les édifices, pour fe rendre compte des motifs qui les ont fait élever, de leur genre particulier, des temps où ils ont été bâtis, & du nom des Architectes qui les ont érigés. C'eft fans doute

en réfléchissant sur les défauts qu'il aura remarqués dans les uns, & sur les vraies beautés qu'il
aura aperçues dans ceux qui sont les plus approuvés, qu'il parviendra enfin à juger sainement
ment & des uns & des autres. Cette ob-
servation, trop négligée parmi nous depuis
long-temps, doit nous faire craindre dans la
suite pour les progrès de l'Art, si l'on n'exige
pas plus de dispositions & d'aptitude de la
part de ceux qui se vouent à l'Architecture.

§. X.

Horace l'a dit avant nous, le principe
fondamental de tous les Arts est l'unité :
tout ouvrage d'Eloquence, de Poésie, de
Peinture, de Musique, d'Architecture, quoique composé, doit être simple être un :
par exemple, dans l'Architecture, toutes
les parties d'un édifice doivent concourir
à former une belle composition dans ses
masses, & une heureuse disposition dans ses
parties.

§. X I.

Les hommes sans expérience font usage de
tout ce qu'ils savent dans leurs compositions,
ne prévoyant pas qu'il est des parties dans
l'Architecture qui, quoiqu'approuvées &
susceptibles des regles de l'Art, ne doivent
être vues que de profil, & servir seulement

d'accessoire à l'ordonnance : aussi, lorsqu'on a la mal-adresse de les faire voir de front, & d'en former la partie capitale de sa décoration, elles perdent beaucoup de leur prix.

Il en est à peu-près de même de presque tous ceux qui jusqu'à présent se font mêles de nous donner la description de nos édifices : il nous presentent en face ce qu'ils ont cru remarquer de plus admirable, & de profil, les médiocrités qu'ils y ont observees, sans songer que ce font ces dernieres qui peuvent servir d'autorité à ceux qui, sans en être avertis, ne manqueroient pas de les imiter de préférence aux beautés de l'Art qu'ils ignorent encore. Nous ne devons donc pas nous faire un-scrupule de relever les defauts qu'on remarque dans plus d'un de nos édifices ; nous ne croyons pas même que les Architectes qui les ont produits puissent s'en offenser, puisqu'on ne cite guère ceux qui n'ont aucune célébrité.

§. X I I.

Il faut connoître les préceptes de son Art, pour favoir éviter la confusion dans l'ordonnance de sa décoration. Il est encore essenciel que la réflexion modere l'ardeur d'une imagination trop enflammée;

mais cependant il en raut conserver affez pour ôter au précepte toute apparence de contrainte; car on peut dire qu'un trop grand attachement à fes lois, empêche fouvent l'Architecte de rien montrer de libre dans fa compofition.

§. X I I I.

Qu'on y réfléchiffe, il y a toujours des différences à obferver entre plufieurs Bâtiments élevés pour la même fin, & qui pour cela doivent porter le même caractere : la diverfité du local, la qualité des matieres & l'intelligence de l'Architecte, fuffifent pour y porter les nuances dont nous voulons parler : alors, fi elles échapent à l'Examinateur, c'eft qu'il manque de pénétration, pour y découvrir les beautés fouvent cachées dans les détails, & qui fe trouvent confondues avec art dans l'enfemble.

§. X I V.

C'eft fouvent un trait d'incapacité de fuivre la négligence de ceux qui comptent l'inexactitude pour peu de chofe, comme s'il pouvoit y avoir de la comparaifon, entre faire de bonne Architecture, & pécher contre la proportion dans l'ordonnance des façades, & que celle-ci ne fût pas la même que de manquer à la solidité dans la partie de la construction. Nous n'héfitons pas de dire que ce fyftême ne peut venir que d'un génie pareffeux ou impuiffant : il n'en faut pas douter, lorfqu'il s'agit d'un édifice facré, des monuments de magnificence, toute idée de déréglement & de licence doit être profcrite : cette attention doit même s'étendre, jufques fur les Bâtiments les plus fimples. En un mot, toutes les productions d'un Architecte, qu'elles foient, ou qu'elles ne foient pas conçues pour être exécutées, doivent être foumifes aux mêmes regles : ce n'eft point une excufe à alléguer, dans la pratique des Arts, d'annoncer qu'on s'occupe dans fon cabinet, dans fon attelier, pour fon plaifir : on doit produire pour celui des autres. Or ce plaifir eft imparfait, lorfque le Connoiffeur s'aperçoit qu'il manque quelque chofe d'effenciel dans l'ordonnance d'un Tableau, dans la difpofition d'un Bas-relief, dans la convenance du projet d'un Bâtiment, dans fa diftribution, dans fes iffues, dans fes dépendances; en vain diroit-on que les unes ni les autres productions n'ont aucun objet déterminé.

§. X V.

Nous l'avouons à regret, l'Architecture femble dégénérer, même par l'abus des règles : la plupart des Architectes s'en font à leur gré. Lorsqu'on écoute féparément plufieurs d'entr'eux, on feroit tenté de croire qu'ils ont appris leur Art, les uns en Afie, les autres en Amérique; fouvent ils ne font pas d'accord avec eux-mêmes: il n'y a pas jufqu'aux Eleves, qui ne fe faffent un fyftème d'indépendance; la plupart étudient chez des Peintres, qui ne favent l'Architecture que par acceffoire, comme l'Architecte doit favoir la Peinture pour être meilleur Architecte.

La Sculpture & la Peinture ne font pas plus exemptes de l'indépendance dont nous parlons; car on peut obferver, à l'égard de la premiere, que les modeles que les Coifevox, les Vancleve, les Couftou, nous ont laiffés d'après les chefs-d'œuvre de la Grèce & de l'Italie, font négligés par la plupart de nos Sculpteurs : s'éloignant infenfiblement du choix de la belle Nature, ils s'attachent au contrafte des formes. Pour faire des draperies légeres, ils en outrent l'expreffion; leurs ftatues font fans grâce dans les attitudes; les fujets facrés fe trouvent traités dans le ftyle prophane, & fouvent on eft obligé d'avoir recours aux Infcriptions pour en deviner les allégories. Il en eft à peu-près de même de la Peinture : on diroit que le Portrait a la préférence fur l'Hiftoire; les Tableaux de genre, le **Paftel**, la Miniature, l'emportent fur ce que les meilleurs Peintres du dernier fiecle nous ont laiffé pour exemple. Et, fi l'on compte encore quelques Peintres d'Hiftoire, la plupart de leurs Tableaux manquent de l'effet qu'exigent de telles entreprifes: n'ayant prefque plus les occafions qui naiffoient fous les pas des le Brun, ils ne fe trouvent occupés que par quelques Tableaux de Chevalet, qui n'ont pour objet que la repréfentation de nos mœurs & la diverfité de nos modes. Les jeunes Peintres même font réduits à des deffus de porte, & négligent des études plus ferieufes: mais ils s'y trouvent, pour ainfi dire, forcés par le goût décidé qu'ont les gens riches pour ces efpèces de couronnements; on ne fauroit faire comprendre à la plupart des Propriétaires, qu'un attique de Menuiferie, orné de Sculpture, dans la décoration d'un appartement, feroit beaucoup plus convenable, que ces Tableaux coloriés qui fouvent n'ont aucun rapport, ni avec l'ordonnance qui préfide dans la piece, ni avec le ton des lambris, ou le choix des étoffes qui les revêtent.

§. X V I.

La théorie qui a pour bafe les préceptes de l'Art, la pratique qui en eft l'applica-

tion, font deux parties néceſſaires, mais
inſuffiſantes pour faire un bon Architecte.
Pour arriver à la perfection, il faut eſſen-
ciellement y joindre l'expérience, & le
goût propre à chaque genre de production : c'eſt le goût, c'eſt l'expérience qui
fournit aux Architectes le moyen de varier
leurs compoſitions, & qui leur apprend
à démêler le choix des exemples qu'ils
doivent imiter. C'eſt l'application plus ou
moins judicieuſe de ces deux objets qui
procure à l'Architecture cette prééminence
qu'elle a ſur tous les autres Arts libéraux.
C'eſt le goût qui établit, qui détermine le
ſtyle propre à chaque genre de Bâtiment,
& qui, guidé par le raiſonnement de l'Architecte, lui fait varier ſes façades à l'in-
fini ; au-lieu qu'exécutées par des Artiſtes
ſubalternes & ſans goût, elles ſeroient
toutes monotones.

Ce goût dont nous voulons parler,
ne s'acquiert véritablement qu'en s'ap-
pliquant à connoître de bonne heure,
celui qui domine dans les différentes
Nations policées, où l'Architecture tient
un rang diſtingué : il faut non-ſeule-
ment comparer la grandeur des maſſes des
Egyptiens, les détails précieux des Grecs,
la belle diſpoſition des ouvrages des Ro-
mains, la ſtructure ingénieuſe des Arabes,

mais encore le ſtyle particulier qui les caractériſe; enfin les ouvrages des Architectes François, particuliérement ceux du dernier ſiecle, où l'on remarque la fineſſe du ſentiment dans les choſes de gout, l'expreſſion dans les détails, & l'elegance dans les formes. En un mot, il faut examiner avec attention ce qu'ils contiennent en particulier d'excellent, de médiocre, ou de défectueux. C'eſt cette maniere d'examiner qui fait parvenir au gout de l'Art, & qui porte inſenſiblement le jeune Artiſte à imiter ceux-là, à perfectionner ceux-ci, & à éviter les derniers pour arriver au terme de la véritable perfection.

§. XVII.

Il eſt des licences qui décelent le ſavoir des Architectes; on en trouve des exemples chez les Grecs: il eſt même des fautes heureuſes auxquelles on ne peut arriver que par un certain degré de ſupériorité; mais au-moins eſt-il eſſenciel qu'elles offrent toutes des témoignages de hardieſſe dans l'entrepriſe, & une certaine fierté dans l'expreſſion, & non des marques de la foibleſſe ou de l'ignorance de l'Artiſte; autrement ces licences ſe changent en difformité. Il eſt des occaſions, par exemple, où, ſans les licences qu'on remarque dans l'édifice, la totalité eut été moins parfaite; celles mises en œuvre par Hardouin Mansard, ont plus d'une fois servi à faire valoir ses compositions. Combien n'en auroit-on pas remarqué d'avantage, s'il n'avoit pas pris soin d'en éviter un plus grand nombre, par l'idée qu'il avoit de la perfection & du choix de celles qu'il pouvoit se permettre ou se défendre absolument! Il s'en faut ressouvenir néanmoins; il n'appartient qu'aux grands Maîtres de faire entrer les licences dans leurs ouvrages; les hommes ordinaires doivent s'en tenir aux préceptes; c'est au seul génie à se frayer des routes nouvelles; encore faut-il savoir ne pas imiter les licences indistinctement, & attendre, pour en faire usage, qu'elles deviennent nécessaires, qu'elles ajoutent aux beautés de l'édifice, & qu'elles partent de notre propre fond, rien n'étant plus dangereux pour les progrès de l'Art, que les Copistes en ce genre: souvent ceux-ci choisissent mal, & appliquent plus mal encore. Combien les Boromini en Italie, les Meissonniers en France, n'ont-ils pas produit de mauvais Imitateurs? Cependant on ne peut refuser quelque approbation à ces hommes de génie; mais il auroit fallu qu'ils restassent originaux: ce sont leurs Copistes qui nous ont appris à avoir une moins bonne opinion de leurs ouvrages.

§. XVIII.

L'Architecte, Juge-né de tous les Arts libéraux, ne peut ignorer tout ce que peut produire l'excellence de la Sculpture : il est le premier appréciateur du mérite des hommes à talents de ce genre ; or comment pourra-t-il estimer leurs chefs-d'œuvre, s'il ne connoît qu'imparfaitement les ouvrages sublimes d'avec les ouvrages médiocres, soit dans la figure, soit dans les ornements. Ce n'est pas assez que l'Architecte leur indique les rapports qu'ils doivent avoir avec l'Architecture, qu'il leur désigne les symboles & les allégories convenables à l'édifice, enfin le choix des matieres ; il faut qu'il sache décider les places où la Sculpture doit être employée, son utilité ou son inutilité dans l'ordonnance ; il doit ensuite connoître la beauté du *faire*, de la touche & du tact de l'Art, afin de pouvoir, d'une part, prévoir la dépense, & de l'autre, apprécier la récompense due à l'Artiste.

Ce que nous disons ici de la Sculpture peut se rapporter à la Peinture ; c'est pour cela que nous avons desiré plus d'une fois

que

que l'Architecte vive en familiarité avec les Artiftes célebres de ces deux claſſes, & que, par ſes connoiſſances acquiſes, il puiſſe les éclairer ſur les relations que ces Arts ont avec l'Architecture, & qu'à ſon tour il s'éclaire lui-même, par les lumieres qu'ils peuvent lui procurer.

§. X I X.

Pour juger pertinemment des Arts, il faut bien examiner les hommes, les temps & les circonftances. Qui croiroit, par exemple, que l'Architecture gothique a eu des Admirateurs, & que le Portail de Reims a peut-être produit plus de gloire à ſon Auteur, que le Périftyle du Louvre n'en a procuré à Perrault, Archi-tecte célebre, à qui pluſieurs conteftent en-core l'invention de ce ſuperbe édifice. Ce n'eft pas que nous prétendions blâmer tous les ouvrages gothiques; c'eft de leur déco-ration ſeule que nous entendons parler : nous rendons juftice à leur ingénieuſe ftru-cture, à certaines parties de leur difpoſi-tion, & à leur forme preſque toujours py-ramidale, que la plupart du temps nous faiſiſſons mal, & qui ne nous fait produire que de mauvaiſes imitations en ce genre. D'ailleurs il nous paroîtroit peut-être ridi-cule de ramener le regne de Clovis ſous celui de Louis XV, principalement dans nos Bâtiments d'habitation; mais peut-être feroit-il bien de fe rapprocher de leur maniere, lorfqu'il s'agit de la conftruction de nos Temples.

§. X X.

Dans l'Architecture, favoir démêler le ftyle des hommes célebres d'avec celui des hommes fubalternes; c'eft la premiere connoiffance qu'il importe d'acquérir après l'étude des éléments de l'Art: c'eft par elle que l'Amateur juge équitablement, & apprend à apprécier la perfection ou l'imperfection des productions de l'Architecte. L'Architecture, comme la Sculpture & la Peinture, ont leurs différentes façons de fe concevoir; pour fe connoître en ftyle, il faut donc fçavoir que, dès qu'une fois on eft parvenu à diftinguer la route que les Artiftes de la premiere claffe ont fuivie, comparée avec la routine que tiennent les Artiftes de la feconde, on fait bientôt faire choix du ftyle convenable à fon entreprife, & préférer tel genre à tel autre genre; perfuadé qu'on eft, que les Bâtiments de même efpèce, peuvent recevoir des nuances qui varient les productions de l'Architecte, & qu'à plus forte raifon ces nuances doivent marquer d'avantage dans les édifices élevés pour des fins différentes.

§. X X I.

Pourquoi voyons-nous tant de jeunes gens embraſſer l'Architecture ? c'eſt que les occaſions des grands édifices, confiés aux hommes ſupérieurs, deviennent aſſez rares aujourd'hui, & que, pour produire des Bâtiments ſubalternes, il ne faut que ſuivre une certaine routine, & laiſſer couler de ſon crayon tout ce qui s'offre à l'eſprit. La plupart des jeunes gens ſe croient diſpenſés des études épineuſes, des recherches ingrates, des réflexions laborieuſes : en un mot, ils ſe perſuadent pouvoir ſe paſſer de lire, même les Auteurs qui ont écrit le plus pertinemment ſur notre Art. Ils ſe contentent de retenir quelques principes élémentaires, ſans ordre & ſans liaiſon : ils les appliquent à la hâte dans l'ordonnance d'une façade ; ils l'accablent enſuite d'ornements frivoles, qui s'attirent ſans doute l'attention du vulgaire, mais le plus ſouvent le juſte mépris des hommes inſtruits. Les ornements ne pouvant jamais conſtituer les beautés de l'Architecture, qu'on s'en reſſouvienne, ils ſont ſeulement deſtinés pour l'embellir & la faire valoir.

§. X X I I.

Avant de débuter, on doit s'être occupé long-temps des préceptes de ſon Art :

avant de compofer, il faut avoir écouté de bons confeils, acquis des connoiffances folides, précifes, vraies, & avoir beaucoup vu. Il faut avoir un fond d'excellentes chofes dans l'idée, qui puiffe porter à faire un choix judicieux des ouvrages qu'on a lus, des Bâtiments qu'on a mefurés, de ceux dont on a examiné les rapports, confidéré les maffes : on doit être perfuadé que les petits détails qu'on a remarqués dans quelques-uns, ne produifent jamais de vraies beautés; il faut fe rappeler, que les ornements trop multipliés font une imperfection, une intempérance qui éloigne du grand goût de la belle fimplicité, que préferent toujours les hommes célebres. Au refte, il ne faut pas toujours fe refufer aux beautés d'agrément; mais il les faut placer avec convenance : appliquées judicieufement, elles produifent un bon effet, & font fouvent préférables dans les dedans à ces formes pefantes & aufteres, qu'on affecte aujourd'hui jufques dans les boudoirs de nos Laïs, pendant que, par une fatalité qu'on ne peut concevoir, on étale la futilité des ornements, jufques dans les appartements de nos Prélats, de nos Miniftres & de nos Magiftrats.

§. X X I I I.

L'occafion de décorer l'intérieur de nos

Bâtiments, fournit souvent à l'Architecte des ressources qui lui font imaginer des formes, propres à désigner plus parfaitement le caractere qu'il convient de donner à chaque piece d'un appartement, & à chacun des principaux objets qui les composent : c'est ici que l'Art seul est insuffisant; il faut être inspiré par le génie, & guidé par le bon gout. On peut dire que Hardouin étoit doué de ces deux qualités essencielles; on les remarque dans les ouvrages même qu'il a imités des Anciens & des Modernes ses Prédécesseurs; l'on peut même dire qu'il est souvent supérieur à ses modeles. Il savoit leur donner une nouvelle vie; alors l'imitation disparoissoit, & il devenoit original. Il est vrai que, dans les dehors, il a souvent négligé la beauté des détails; mais c'étoit toujours pour s'attacher aux masses, à l'ensemble général : il portoit toute son attention au caractere de l'édifice qu'il traitoit, & laissoit le soin aux parties de se ranger elles-mêmes à leur place ; souvent cela lui réussissoit, parce qu'il étoit un grand Homme.

§. X X I V.

Nous finirons ces Observations par dire qu'on a beaucoup écrit sur l'Architecture; il semble même que depuis Vitruve, à l'exception de la diſtribution, on ait dit tout ce qui pouvoit être dit d'eſſenciel, concernant les principes de notre Art: de-là il faut s'attendre qu'on trouvera, dans nos remarques, une infinité de réflexions répandues ailleurs; mais, loin de craindre quelque reproche à cet égard, nous nous flattons qu'on nous ſaura gré d'avoir puiſé dans les meilleures ſources tout ce qui peut contribuer à former nos Elèves au raiſonnement de l'Architecture: raiſonnement auſſi eſſenciel à ſavoir pour eux, que les regles de l'Art, mais qu'on a peut-être trop négligé de leur faire ſentir dans les livres qui traitent de l'ordonnance des Bâtiments.

Peut-être auſſi trouvera-t-on que nous avons répandu un peu trop de critique dans ces Obſervations; mais nous ne craignons ce reproche que de la part de ceux qui, connoiſſant leur foibleſſe, auroient intérêt de prendre ce que nous diſons, pour des critiques particulieres. Néanmoins nous atteſtons que nous n'avons eu deſſein de bleſſer l'amour-propre d'aucun Artiſte: & nous nous flattons qu'on ſera ſatisfait au contraire des occaſions que nous avons ſouvent ſaiſies de faire l'éloge des hommes & des ouvrages célebres.

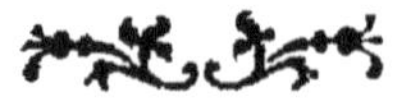

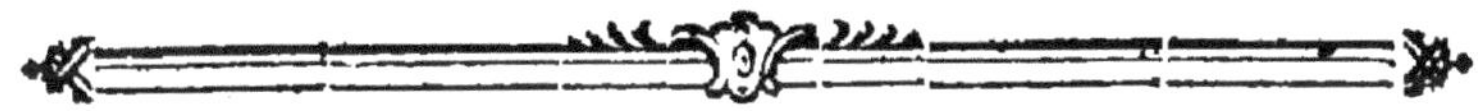

ORDRE DES LEÇONS

Qui continuent de se donner sur l'Architecture & sur les Sciences qui y sont relatives, par M. BLONDEL, Architecte, & par les Professeurs qui le secondent dans son Ecole des Arts, à Paris.

SI, dans l'Introduction précédente, il nous a paru nécessaire d'indiquer aux personnes qui se vouent à l'étude de l'Architecture, les connoissances des Sciences & des Arts (*a*) qu'il leur est important d'acquérir, pour devenir un jour des Architectes célebres; peut-être est-il également intéressant que nous rappelions non-seulement à nos Concitoyens, mais à nos Provinces, & même aux Cours étrangeres, qui desirent envoyer en France les jeunes hommes qui se destinent à cet Art, que toujours pleins de la même ardeur qui nous

---

(*a*) Voyez aussi ce qui a été dit dans les Discours prononcés publiquement par l'Auteur, en Juin 1747, & en Avril 1754, imprimés chez Jombert, pere, Libraire, rue Dauphine, à l'Image Notre-Dame, & à la fin desquels sont annoncés la plus grande partie des Leçons dont il est ici question, & le Nom des Professeurs qui, depuis ce temps, secondent l'Auteur dans ses travaux.

a animés jufqu'à préfent, nous continuons de porter un œuil attentif à tout ce qui peut contribuer à l'avancement de ceux qui s'attachent à fuivre nos Leçons.

Moins jaloux que fatisfaits du nombre des Ecoles qui fe font formées dans Paris, fous nos yeux & à notre exemple, nous applaudiflons aux efforts des Artiftes qui, comme nous, confacrent leurs veilles à l'inftruction de leurs femblables ; mais nous penfons qu'une longue fuite d'expériences dans le Profefforiat, réunie à l'affociation de plufieurs Profeffeurs qui, dans chaque genre, cherchent à porter le flambeau des Arts dans l'efprit des Eleves, ne peut que contribuer à faire applaudir notre perfévéranee à cet égard.

Nous defirons donc faire connoître que non-feulement nous n'avons pas ceffé de nous occuper de ce foin, mais que nous rempliffons tous lés jours cette tâche laborieufe, de maniere à efpérer que cet établiffement utile, accœuilli depuis près de trente années (*b*), & auquel nous portons

---

(*b*) L'Auteur a commencé fes Cours publics en 1743, après en avoir obtenu, le 6 Mai de la même année, l'agrément de l'Académie Royale d'Architecture, dont il n'étoit pas encore Membre alors, n'ayant été nommé Architecte du Roi qu'en Novembre 1755, & Profeffeur Royal au Louvre en Octobre 1762.

un amour de Pere par le bien qu'il a déja produit, & qu'il peut produire encore, continuera, même après nous, à porter de nouvelles lumieres dans l'Architecture, & les différentes branches qui la compofent. Dans cette vue, nous venons de faire choix d'un Adjoint qui, nourri des mêmes principes, animé du même zèle, & deftiné à nous fuccéder un jour, parviendra à faire fleurir cet Art, en faifant paffer fucceffivement les Eleves qui lui feront confiés, des éléments à la théorie, & de celle-ci à la pratique: il trouvera d'ailleurs des fecours dans nos ma-nufcrits & dans une collection affez confidé-rable de Deffins & de Modeles que nous avons raffemblés depuis long-temps, fecours qui, accompagnés de fes lumieres, ne pour-ront que faire marcher dans la fuite les jeunes Artiftes vers le chemin de l'Immortalité.

Nos veilles multipliées, les talents décidés de notre Adjoint, & cette affociation d'Ar-tiftes réunis, nous ont paru d'autant plus néceffaires à perpétuer dans une des Ecoles de cette Capitale, que nous nous fommes apperçus nous-mêmes, que toutes les fois que nous avons laiffé à nos Eleves le foin de fe choifir en particulier des Maîtres habiles, pour acquérir à part les connoiffances des Mathématiques, du Deffin, de la Perfpe-ctive ou de la coupe des pierres, nous n'avons pas tardé à nous convaincre que, malgré la même attention de notre part, & la même aptitude de la leur, pour l'étude de l'Architecture, ils y parvenoient avec plus de lenteur & de difficulté. Cette expérience nous a donc confirmé que, quelqu'inſtructives que puiſſent être des Leçons priſes ſéparément, dans des temps différents, & dépouillées de la liaiſon qui leur eſt néceſſaire, les progrès ſont beaucoup moins rapides; ſans compter que les diſtractions qu'occaſionnent aux Eleves le tranſport d'un lieu à un autre, leur ôte, pour ainſi dire, la faculté de mettre un certain enſemble dans les differentes connoiſſances inſéparables de l'étude de l'Architecture.

Convaincus de cette vérité, nous perſiſtons à croire qu'il convient que nous continuions de raſſembler dans un même lieu, tous les genres de talents utiles à cet Art. En conſéquence, nous redoublons nos efforts, & nous deſirons qu'ils puiſſent ſatisfaire à ce que le Public a droit d'attendre de nous; à cet effet, nous allons rendre compte des differentes Leçons qui ſe donnent dans notre Ecole, ſoit pour ce qui concerne l'Architecture, ſoit pour ce qui regarde les Mathématiques, le Deſſin, la Coupe des pierres, &c. &c.

ARCHITECTURE.

Tous les jours, depuis huit heures du matin jufqu'à deux heures après midi, nous donnons nos Leçons fur l'Architecture, qui comprennent la diftribution, la décoration & la conftruction des Bâtiments, ainfi que l'art du Jardinage relativement à l'embelliffement des jardins de propreté, &c.

Tous les lundi & mercredi, depuis onze heures du matin jufqu'à une heure après midi, nous raffemblons nos Eleves, felon le degré de leurs connoiffances, pour récapituler les Leçons précédentes, les démontrer de nouveau, d'après le Cours d'Architecture que nous venons de mettre au jour (c), & attaquer les différents détails relatifs à chaque genre d'édifice.

Deux fois la femaine, depuis trois heures après midi jufqu'à neuf, pendant les mois d'Avril & de Mai, nous les conduifons dans les édifices de cette Capitale, pour y examiner fur les lieux, foit l'ordonnance extérieure & intérieure de nos édifices facrés, foit la diftribution & la décoration des dedans & des dehors de nos Bâtiments d'habitation.

(c) Ce Cours d'Architecture contient fix volumes de Difcours, & trois volumes de Planches. Il comprend les Leçons que nous avons donné publiquement dans notre Ecole des Arts depuis 1744. Les trois premiers volumes font au jour, à Paris, chez la Veuve Defaint, Libraire, rue du Foin-Saint-Jacques.

Nous nous occupons actuellement à raffembler le plus grand

Mathématiques *& Coupe des pierres.*

Tous les lundi, mercredi & vendredi, depuis trois heures jusqu'à cinq, M. de la Faye donne des Leçons de Calcul numérique & algébrique; &, depuis cinq heures jusqu'à neuf, le même Professeur donne des Leçons sur la Coupe des pierres d'une maniere relative à la théorie & à la pratique de cet Art.

Tous les mardi, jeudi & samedi, depuis trois heures jusqu'à six, il donne des Leçons sur la Géométrie, les Sections coniques, la Mécanique & l'Hydraulique, suivant les Auteurs les plus approuvés. Les mêmes jours, depuis six heures jusqu'à neuf, il continue ses Leçons sur la Coupe des pierres.

Dans la belle saison, il conduit le matin les Eleves sur le terrein, pour y faire différentes opérations de Trigonométrie; leur apprendre à lever des plans, à faire des nivellements, & leur enseigner l'Art de se servir des différents instruments destinés à ces divers objets; enfin l'hiver, dans les matinées, il donne des Leçons sur la Fortification, la maniere de dessiner la Carte, &c.

---

nombre des édifices, élevés dans nos Provinces les plus considérables: cette Collection composera environ quatre volumes particuliers de même format que notre Cours d'Architecture, & qui paroîtront de suite, après la publication des trois derniers volumes.

DESSIN DE DIFFÉRENS GENRES.

Tous les mardi, jeudi & famedi, depuis fix heures du foir jufqu'à neuf, M. de Saint-Aubin donne des Leçons fur le Deffin, tel que la Figure & le Payfage, ainfi que les premieres notions fur l'Hiftoire facrée & prophane, relativement aux Arts; &, pendant l'hiver, deux de ces Leçons font deftinées à deffiner d'après la Boffe.

PERSPECTIVE.

.Tous les lundi, mercredi & vendredi, pendant les mois de Novembre & Décembre, M. Gravelot donne des Leçons fur la Perfpective & fur les principales regles de l'Optique.

ORNEMENT, ET ART DE MODELER.

Tous les mardi, jeudi & famedi, les après-midi, en hiver, M. Girard donne des Leçons fur le Deffin concernant l'ornement; il enfeigne l'Art de le modeler dans le meilleur genre, ainfi que les Trophées, les Bas-reliefs, &c.

EXPÉRIENCE.

Tous les lundi, mardi & vendredi, les matinées, en été, M. le Grand donne des

Leçons fur le Toifé des Bâtiments, l'Art de faire des Devis, & la maniere de parvenir à faire l'eftimation des différents projets faits par les Eleves, ou de quelques édifices exécutés à Paris, par nos plus habiles Architectes.

P H Y S I Q U E.

Tous les mardi, jeudi & famedi, pendant les mois de Novembre & Décembre, depuis neuf heures du matin jufqu'à onze, M. Pagny donne des Leçons fur la Phyfique expérimentale, relative à l'Art de bâtir, & à l'Architecture.

Les après-midi, pendant que nous nous occupons dans le cabinet à l'étude de notre Art, & à l'impreffion de nos Ouvrages, notre Adjoint qui, au vrai talent de l'Architecture, joint la connoiffance des différentes parties des Arts énoncés ici, préfide & furveille à l'ordre des diverfes Leçons, & aux progrès des Eleves.

Ces différentes Leçons fe prennent dans plufieurs falles, ayant vue fur un grand jardin; l'une, deftinée à ceux qui en font encore aux Elements; une autre, pour les Eleves qui en font à la compofition. Dans l'une & l'autre, font expofés les Deffins en grand, & les développements relatifs à chaque objet. Une autre falle eft deftinée pour le Deffin dans tous les genres, où font expofés quantité d'originaux, avec des boffes & des bas-reliefs néceffaires à cette étude; dans une quatrieme piece, fe donnent les Leçons de Mathematiques, de Perfpective, de Fortifications, du Toifé & de la théorie de la Coupe des pierres.

Dans un grand cabinet particulier, où font contenus les livres, les inftruments, les modeles en tout genre, & une belle collection de Deffins fous glace, fe donnent les Leçons de Phyfique expérimentale.

Dans un corps de logis feparé, fe trouve un attelier pour la Coupe des pierres & des bois, dans lequel font expofés les épûres en grand, & des modeles de différents genres, tant pour la Maçonnerie, que pour la Charpenterie, la Menuiferie, &c.

Dans le même corps de logis, eft une falle deftinée pour les excercices utiles, tels que les Armes, la Mufique, la Danfe, exercices qui fe prennent particuliérement, & qui doivent entrer dans le Plan de l'Education des Hommes bien-nés qui fe vouent à l'Architecture, & qui font deftinés à vivre en Société dans un monde choifi.

Les Dimanches & les Fêtes, depuis une heure jufqu'à huit, fe donnent gratuitement à tous les Ouvriers du Bâtiment, différentes Leçons fur le Deffin, les éléments, la théorie ou la pratique, relatifs à leurs befoins. Nous nous faifons un devoir de préfider à ces différentes inftructions : notre Adjoint, nos Profeffeurs & ceux de nos Eleves les plus avancés, fe font auffi un plaifir de pouvoir être de quelque utilité aux Citoyens de cette claffe, qui un jour leur deviendront utiles dans leurs travaux.

Enfin, pour parvenir à procurer un plus grand degré d'utilité à cet Etabliffement, dans une même maifon, bien aérée & fituée convenablement, à Paris, nous avons fait choix d'une Perfonne d'une probité reconnue, qui, à notre follicitation, a bien voulu fe charger de prendre en penfion, & fous nos yeux, les Eleves, pour la table & le logement ; & qui veille à l'affidüité & aux bonnes mœurs de ceux qui, envoyés à Paris fans ce fecours, fe trouvent fouvent abandonnés à eux-mêmes, & par-là perdent le fruit de leurs études ; au-lieu que, par ce moyen, ils trouveront dans le même afile, & à un prix raifonnable, les befoins néceffaires à la vie, avec la facilité de devenir des Hommes habiles dans les différentes parties des Beaux-Arts.

www.ingramcontent.com/pod-product-compliance
Ingram Content Group UK Ltd.
Pitfield, Milton Keynes, MK11 3LW, UK
UKHW031829170726
13836UKWH00004B/1579